Posadas
NAVIDAD

Novena -Lecturas Rosario
- Cantos - Villancicos
Cena – Piñata - Aguinaldo

**Y
COMO ORGANIZARLAS
PASO A PASO**

Misión 2000
P.O. BOX 51986
PHOENIX, AZ 85076
Tel. (480) 598-4320

Nuestra dirección en Internet:
www.defiendetufe.com

"Libros que cambian vidas"

Créditos: A quienes anónimamente han compartido por mucho tiempo lo que son las posadas navideñas.

© **Derechos reservados.** Prohibida la reproducción parcial o total de esta obra por cualquier medio sin el permiso por escrito de Misión 2000.

CONTENIDO

Página

Introducción 7

Como hacer las Posadas........................9

Novena..15

Día 1.. 17

Día 2.. 22

Día 3.. 27

Día 4.. 32

Día 5.. 37

Día 6.. 41

Día 7.. 46

Día 8.. 52

Día 9.. 59

Rosario y letanías 64

Cantos y Villancicos 75

Recomendación final 88

INTRODUCCION

Las Posadas es una tradición traída por misioneros católicos de España a México durante los años 1500. Esta tradición hace honor a la travesía que María y José hicieron buscando por un lugar donde descansar y prepararse para la venida del niño Jesús.

Son un excelente medio para compartir y aumentar nuestra fe de una manera alegre, festiva, comunitaria y familiar.

Por eso te felicito al tener este librito que te será de gran ayuda para lograrlo.

Las Posadas normalmente comienzan 9 días antes de Navidad, siempre el 16 de diciembre y continúan una cada día hasta la última que se celebra la noche del 24 de diciembre.

En algunas ocasiones solamente se hace un día. Ya sea uno o los nueve días, lo importante es que es de gran valor religioso y cultural.

Es común que en la "procesión" o caminata, como algunos le llaman, se usen velas y las famosas luces de bengala.

Después viene la lectura de la Palabra, el Rosario, oración y finalmente la cena, el convivio, la piñata y las 'bolsitas' de cacahuates con dulces.

Es toda una oportunidad para expresar nuestra fe y celebrar la navidad de una manera sana, cristiana y fraternal.

Así que bienvenido.

Como hacer las Posadas

La Guía que tienes en tus manos ha sido preparada para facilitar la celebración de las "Posadas" en familia.

La "posada" se hace **todos los días** en este orden normalmente:

1.- Invocación inicial
Guía: En el nombre del Padre y del Hijo y del Espíritu Santo. Todos: Amén

2.- **Un canto** de Adviento o Navideño
Página 75
3.- El acto penitencial
Guía: Hermanos, pidamos a Dios que perdone nuestros pecados.
Todos: Yo confieso ante Dios todopoderoso y ante ustedes hermanos

que he pecado mucho de pensamiento, palabra y omisión, por mi culpa, por mi culpa, por mi gran culpa. Por eso ruego a Santa María siempre Virgen, a los ángeles y a ustedes hermanos que intercedan por mí ante Dios nuestro Señor. Amén.

4.- Se hace la lectura de la Palabra del día que corresponda

5.- Se continua con la **Reflexión**

6.- Viene la **Oración**

7.- Procesión rezando un misterio del santo Rosario o los cinco, según sea la costumbre. (pags. 64-73) Si no hay Procesión, se hace afuera de la casa, donde sea posible.

8.- finalmente, se hace **el canto para pedir posada**, como es tradición. Al terminar se entra a la casa a compartir.

9.- Cena Navideña. Dependiendo del lugar la cena es un alegre compartir. En muchos lugares se acostumbran los famosos tamales. Si es una posada cristiana donde celebramos el recordar el nacimiento de Jesucristo entonces es importante que no haya excesos de bebidas alcohólicas pues eso sería un pésimo acto anticristiano y se convertiría en una posada pagana con disfraz de cristiana. Así que celebremos la cena en un ambiente sano y de ejemplo para nuestros hijos.

10.- Finalmente viene el romper la 'piñata'
Es toda una sana diversión llena de alegría para pegarle, romperla y correr para ver quien agarra más de los dulces que trae por dentro. el origen tiene un profundo significado religioso.

Los siete conos representan los 7 pecados veniales.
El vendarse los ojos representa la fe.

El palo para pegarle representa la virtud.
Pegarle a la piñata se dice que es para recordar la mortificación por el pecado cometido.
Los dulces dentro de ella representarán la gloria de Dios que cae sobre nosotros.
Todo un bello significado envuelto de alegría.

☺ Por supuesto, mientras se le está pegando lleva su clásico canto de: "dale, dale, dale. No pierdas…."

11.- Por último, se dan a todos las famosas "bolsitas' que en muchos lugares les llaman 'aguinaldos. Bolsitas con los famosos dulces de colaciones, cacahuates, galletas de 'animalitos' etc. Estos pequeños costalitos dan color y sabor final a la alegría familiar y comunitaria.

Como no hacerlo, si estamos preparándonos para celebrar la navidad. ¡Gloria a Dios! ¡Ha nacido el Salvador!

***Es importante la preparación anticipada que facilite la participación de los amigos y los miembros de la familia.

Novena

INTRODUCCIÓN

Hermanos, estamos aquí reunidos esta noche para recordar el camino de María y José a Belén. Así como Dios preparó al pueblo de Israel para recibir al Salvador, hoy nosotros en esta posada nos vamos a preparar para celebrar la fiesta de Navidad, que es la fiesta de la venida de Dios entre nosotros.

Dispongamos nuestro corazón y espíritu para esta celebración.

DÍA 1

1.- Invocación inicial
Guía: En el nombre del Padre y del Hijo y del Espíritu Santo. **Todos**: Amén

2.- Canto de Adviento o Navideño

3.- Acto penitencial página 11 y 12

4.- Lectura:

EL ANUNCIO DEL NACIMIENTO DEL HIJO DE DIOS
Del Evangelio según San Lucas 1, 26-33

En el sexto mes, el Ángel Gabriel fue enviado por Dios a una ciudad de Galilea, llamada Nazaret, a una virgen que estaba comprometida con un hombre perteneciente a la familia de David, llamado José. El nombre de la virgen era María. El Ángel entró en su casa y la saludó diciendo: "¡Alégrate!, llena de gracia, el Señor está contigo". Al oír estas palabras, ella quedó desconcertada y se preguntaba qué podía significar ese saludo.

Pero el Ángel le dijo: "No temas, María, porque Dios te ha favorecido. Concebirás y darás a luz un hijo, y le pondrás por nombre Jesús; él será grande y será llamado Hijo del Altísimo. El Señor Dios le dará el trono de David, su padre, reinará sobre la casa de Jacob para siempre y su reino no tendrá fin".
Palabra de Dios.
Te alabamos Señor

5.- REFLEXIÓN

"Les anunciamos la venida de Cristo, y no sólo una sino también una segunda que será sin duda mucho más gloriosa que la primera.

En la primera venida fue envuelto en pañales y recostado en un pesebre; en la segunda aparecerá vestido de luz. En la primera sufrió la cruz, pasando por encima de la ignominia; en la segunda vendrá lleno de poder y de gloria, rodeado de todos los ángeles.

Por lo tanto, no nos detengamos sólo en la primera venida, sino esperemos ansiosamente la segunda.

Y así como en la primera dijimos: bendito el que viene en el nombre del Señor, en la segunda repetiremos lo mismo cuando, junto con los ángeles, salgamos a su encuentro y lo aclamemos adorándolo y diciendo de nuevo: bendito el que viene en el nombre del Señor."

6.- Oremos:

Guía: Para que recorriendo junto a María y José el camino a Belén abramos sin miedo nuestro corazón a Cristo.

Todos: Ven Señor, no tardes.

Guía: Para que sepamos recibir a Cristo en esta Navidad.

Todos: Ven Señor, no tardes.

Guía: Para que por medio de los Sacramentos y la Vida de Gracia preparemos nuestro corazón para recibir a Cristo.

Todos: Ven Señor, no tardes.

7.- Procesión rezando un misterio del santo Rosario o los cinco misterios. (pags. 64-73) Si no hay Procesión, se hace afuera de la casa donde sea posible.

8.- Canto para pedir posada, como es tradición. Al terminar se entra a la casa a compartir.

9.- Cena Navideña.

10.- Romper la 'piñata'

11.- Por último, se dan a todos las famosas "bolsitas".

Fue un compartir la fe, la comida y la alegría por celebrar el nacimiento de Jesucristo.

DÍA 2

1.- Invocación inicial
Guía: En el nombre del Padre y del Hijo y del Espíritu Santo. **Todos**: Amén

2.- Canto de Adviento o Navideño

3.- Acto penitencial página 11 y 12

4.- Lectura:

EL ANUNCIO DEL NACIMIENTO DEL HIJO DE DIOS
Del Evangelio según San Lucas 1, 34-38

María dijo al Ángel: "¿Cómo puede ser eso, si yo no tengo relaciones con ningún hombre?" El Ángel le respondió: "El Espíritu Santo descenderá sobre ti y el poder del Altísimo te cubrirá con su sombra. Por eso el niño será Santo y será llamado Hijo de Dios.

También tu parienta Isabel concibió un hijo a pesar de su vejez, y la que era considerada estéril, ya se encuentra en su sexto mes, porque no hay nada imposible para Dios".

María dijo entonces: "Yo soy la servidora del Señor, que se cumpla en mí lo que has dicho". Y el Ángel se alejó.

Palabra de Dios.
Te alabamos Señor

5.- REFLEXIÓN

María fue fiel ante todo cuando, con amor se puso a buscar el sentido profundo del designio de Dios en ella y para el mundo.
¿Cómo sucederá esto?, preguntaba ella al ángel de la anunciación.

Ya en el antiguo testamento, el sentido de esta búsqueda se traduce en una expresión de rara belleza y extraordinario contenido espiritual. "Buscar el rostro del Señor". No habrá fidelidad si no hubiere en la raíz esta ardiente, paciente y generosa búsqueda; si no se encontrara en el corazón del hombre una pregunta, para la cual solo Dios tiene respuesta, mejor dicho, para la cual sólo Dios es la respuesta.
(Juan Pablo II)

6.- Oremos:

Guía: Para que, al igual que María, tengamos un alma llena de gracia para escuchar el llamado de Dios.

Todos: Te rogamos Señor.

Guía: Para que, por medio de la oración, como lo hacía María, descubramos nuestra vocación.

Todos: Te rogamos Señor.

Guía: Para que sepamos imitar la fidelidad de María a la voluntad de Dios.

Todos: Te rogamos Señor.

7.- Procesión rezando un misterio del santo Rosario o los cinco misterios. Si no hay Procesión, se

hace afuera de la casa donde sea posible.

8.- Canto para pedir posada, como es tradición. Al terminar se entra a la casa a compartir.

9.- Cena Navideña.

10.- Romper la 'piñata'

11.- Por último, se dan a todos las famosas "bolsitas".

Fue un compartir la fe, la comida y la alegría por celebrar el nacimiento de Jesucristo.

DÍA 3

1.- Invocación inicial

2.- Canto Navideño

3.- Acto penitencial página 11 y 12

4.- Lectura:

LA CONCEPCIÓN VIRGINAL Y EL NACIMIENTO DE JESÚS
Del Evangelio según San Mateo 1, 18-21

Este fue el origen de Jesucristo: María, su madre, estaba comprometida con José y, cuando todavía no habían vivido juntos, concibió un hijo por obra del Espíritu Santo.

José, su esposo, que era un hombre justo y no quería denunciarla públicamente, resolvió abandonarla en secreto. Mientras pensaba en esto, el Ángel del Señor se le apareció en sueños y le dijo: "José, hijo de David, no temas recibir a María, tu esposa, porque lo que ha sido engendrado en ella proviene del Espíritu Santo.

Ella dará a luz un hijo, a quien pondrás el nombre de Jesús, porque él salvará a su Pueblo de todos sus pecados". Palabra del Señor.

5.- REFLEXIÓN

El Verbo de Dios, incorpóreo, incorruptible e inmaterial, vino a nuestro mundo, aunque tampoco se hallaba lejos, pues nunca parte alguna del universo se hallaba vacía de él, sino que lo llenaba todo en todas partes, ya que está junto al Padre.

Pero Él vino en su benignidad hacia nosotros, y en cuanto se nos hizo visible. Tuvo piedad de nuestra raza y de nuestra debilidad y, compadecido de nuestra corrupción, no soportó que la muerte nos dominase, para que no pereciese lo que había sido creado, con lo que hubiera resultado inútil la obra de su Padre al crear al hombre.

Por eso tomó para sí un cuerpo como el nuestro, ya que no se contentó con habitar en un cuerpo, ni tampoco hacerse simplemente visible, hubiera podido ciertamente asumir un cuerpo más excelente; pero él tomó nuestro mismo cuerpo.

En el seno de la Virgen, se construyó un templo, es decir, su cuerpo, y lo hizo su propio instrumento, en el que había de darse a conocer y habitar; de este modo, habiendo tomado un cuerpo semejante al de cualquiera de nosotros, ya que todos estaban sujetos a la corrupción de la muerte, lo entregó a la muerte para todos, ofreciéndolo al Padre en un amor sin límites. (San Atanasio)

6.- Oremos:

Guía: Para que el nacimiento de Cristo sirva para renovar nuestra alma.

Todos: Te rogamos Señor.
Guía: Para que por medio de nuestros actos diarios demos testimonio de la presencia de Dios entre nosotros.

Todos: Te rogamos Señor.

Guía: Para que al igual que José y María sepamos llevar a Cristo todos los hermanos.

Todos: Te rogamos Señor.

7.- Procesión rezando un misterio del santo Rosario (pags. 64-73) **o los cinco misterios.**

8.- Canto para pedir posada.

9.- Cena Navideña.

10.- Romper la 'piñata'

11.- Por último, se dan a todos las famosas "bolsitas".

DÍA 4

1.- Invocación inicial

2.- Canto Navideño

3.- Acto penitencial página 11 y 12

4.- Lectura:

LA VISITA DE MARÍA A ISABEL
Del Evangelio según San Lucas 1, 39-45

En aquellos días, María partió y fue sin demora a un pueblo de la montaña de Judá. Entró en la casa de Zacarías y saludó a Isabel.

Apenas ésta oyó el saludo de María, el niño saltó de alegría en su seno, e Isabel, llena del Espíritu Santo, exclamó: "¡Tú eres bendita entre todas las mujeres y bendito es el fruto de tu vientre! ¿Quién soy yo, para que la madre de mi Señor venga a visitarme? Apenas oí tu saludo, el niño saltó de alegría en mi seno. Feliz de ti por haber creído que se cumplirá lo que te fue anunciado de parte del Señor". Palabra del Señor.

5.- REFLEXIÓN

Después de la visión de la perfección, de la pureza de María, brotan espontáneamente las palabras: toda hermosa eres, ¡oh María! Esta contemplación de la belleza sigue a la contemplación de la pureza y por esta misma contemplación nos preguntamos: ¿por qué? ¿Cuál es la raíz de esta belleza?

Y encontramos la raíz de esta belleza en que María está emparentada nada menos que con Dios; precisamente porque ha salido de sus entrañas con una integridad. Así como un espejo blanco y puro refleja el cielo, así debería ser el humano que está hecho a imagen de Dios.

Aquí tenemos finalmente un retrato de Dios, puro, incontaminado. En él podemos comprender, mejor que en cualquier otra criatura, qué es Dios, conociendo a la Virgen. Y así se explica la belleza.

Es una belleza divina que se refleja en la Virgen y no solamente en su persona sino en todo cuanto ella cumple por designio de Dios.

María será la madre de Dios; y estará vinculada al misterio más grande que la historia humana pueda comprender. (Paulo VI)

6.- Oremos:

Guía: Para que hagamos nuestras las virtudes de la Santísima Virgen.
Todos: Escúchanos, Señor.
Guía: Para que al igual que María seamos caritativos con los que nos rodean.

Todos: Escúchanos, Señor.

Guía: Para que, así como Juan el Bautista, saltemos de gozo por la presencia del Señor entre nosotros.

Todos: Escúchanos, Señor.

7.- Procesión rezando un misterio del santo Rosario o los cinco misterios. Si no hay Procesión, se hace afuera de la casa donde sea posible.

8.- Canto para pedir posada.

9.- Cena Navideña.

10.- Romper la 'piñata'

11.- Por último, se dan a todos las famosas "bolsitas".

Fue un compartir la fe, la comida y la alegría por celebrar el nacimiento de Jesucristo.

DÍA 5

1.- Invocación inicial

2.- Canto Navideño

3.- Acto penitencial página 11 y 12

4.- Lectura:

EL CUMPLIMIENTO DE LA PALABRA
Del Evangelio según San Mateo 1, 22-25

Todo esto sucedió para que se cumpliera lo que el Señor había anunciado por el Profeta: La

Virgen concebirá y dará a luz un hijo a quien pondrán el nombre de Emmanuel, que traducido significa: "Dios con nosotros".

Al despertar, José hizo lo que el Ángel del Señor le había ordenado: llevó a María a su casa, y sin que hubieran hecho vida en común, ella dio a luz un hijo, y él le puso el nombre de Jesús.
Palabra de Dios.
Te alabamos Señor

.

5.- REFLEXIÓN

Si relacionas a San José con la Iglesia universal de Cristo, ¿no es éste el hombre privilegiado y providencial, por medio del cual la entrada de Cristo en el mundo se desarrolló de una manera ordenada y sin escándalos?

Si es verdad que la Iglesia entera es deudora a la Virgen Madre por cuyo medio recibió a Cristo, después de María es San José a quien debe agradecimiento y una veneración singular.

José viene a hacer el broche del Antiguo Testamento, broche en el que fructifica la promesa hecha a los Patriarcas y a los Profetas. Sólo él poseyó de una manera corporal lo que para ellos había sido mera promesa.
No cabe duda de que Cristo no sólo se ha desdicho de la familiaridad y respeto que tuvo con él durante su vida mortal como si fuera su padre, sino que la habrá completado y perfeccionado en el cielo. (San Bernardino de Siena)

6.- Oremos:

Guía: Para que imitemos a San José como siervos dóciles de Dios.

Todos: Padre escúchanos.

Guía: Para que como San José nuestros actos cotidianos sirvan al Plan de Salvación de Dios.

Todos: Padre escúchanos.

7.- Procesión rezando un misterio del santo Rosario o los cinco misterios.

8.- Canto para pedir posada.

9.- Cena Navideña.

10.- Romper la 'piñata'

11.- Por último, se dan a todos las famosas "bolsitas".

DÍA 6

1.- Invocación inicial

2.- Canto Navideño

3.- Acto penitencial página 11 y 12

4.- Lectura:

EL NACIMIENTO DE JESÚS
Del Evangelio según San Lucas 2, 1-7

En aquella época apareció un decreto del emperador Augusto, ordenando que se realizara un censo en todo el mundo. Este primer censo tuvo lugar cuando Quirino gobernaba la Siria. Y cada uno iba a inscribirse a su ciudad de origen. José, que pertenecía a la familia de David, salió de Nazaret, ciudad de Galilea, y se dirigió a Belén de Judea, la ciudad de David, para inscribirse con María, su esposa, que estaba embarazada.

Mientras se encontraban en Belén, le llegó el tiempo de ser madre; y María dio a luz a su Hijo primogénito, lo envolvió en pañales y lo acostó en un pesebre, porque no había lugar para ellos en el albergue.
Palabra de Dios.
Te alabamos Señor

5.- REFLEXIÓN
Despierta, hombre: por ti Dios se hizo hombre. Despierta, tú que duermes, surge de entre los muertos; y Cristo

con su luz te alumbrará. Te lo repito: por ti Dios se hizo hombre.

Estarías muerto para siempre, si Él no hubiera nacido en el tiempo, si Él no hubiera asumido una carne semejante a la del pecado. Estarías condenado a una miseria eterna, si no hubieras recibido tan gran misericordia.
Nunca hubieras vuelto a la vida, si Él no se hubiera sometido voluntariamente a tu muerte.

Hubieras perecido, si Él no te hubiera auxiliado.
Estarías perdido sin remedio, si Él no hubiera venido a salvarte. (San Agustín)

6.- Oremos:
Guía: Para que siempre estemos agradecidos con Dios por haber enviado a su Hijo para salvarnos.

Todos: Te rogamos Señor.

Guía: Para que, por medio de la encarnación del verbo, podamos vivir como verdaderos hijos de Dios.

Todos: Te rogamos Señor.

Guía: Para que así como la palabra se hizo carne, también nosotros busquemos siempre que Cristo habite en nosotros.

Todos: Te rogamos Señor.

7.- Procesión rezando un misterio del santo Rosario o los cinco misterios.

8.- Canto para pedir posada.

9.- Cena Navideña.

10.- Romper la 'piñata'

11.- Por último, se dan a todos las famosas "bolsitas".

Fue un compartir la fe, la comida y la alegría por celebrar el nacimiento de Jesucristo.

DÍA 7

1.- Invocación inicial

2.- Canto Navideño

3.- Acto penitencial página 11 y 12

4.- Lectura:

LA VISITA DE LOS PASTORES
Del Evangelio según San Lucas 2, 8-20

En esa región acampaban unos pastores, que vigilaban por turno sus rebaños durante la noche. De pronto, se les apareció el Ángel del Señor y la gloria del Señor los envolvió con su luz.

Ellos sintieron un gran temor, pero el Ángel les dijo: "No teman, porque les traigo una buena noticia, una gran alegría para todo el pueblo: Hoy, en la ciudad de David, les ha nacido un Salvador, que es el Mesías, el Señor. Y esto les servirá de señal: encontrarán a un niño recién nacido envuelto en pañales y acostado en un pesebre".

Y junto con el Ángel, apareció de pronto una multitud del ejército celestial, que alababa a Dios, diciendo: "¡Gloria a Dios en las alturas, y en la tierra, paz a los hombres amados por él!".

Después que los ángeles volvieron al cielo, los pastores se decían unos a otros: "Vayamos a Belén, y veamos lo que ha sucedido y que el Señor nos ha anunciado".

Fueron rápidamente y encontraron a María, a José, y al recién nacido acostado en el pesebre. Al verlo, contaron lo que habían oído decir sobre este niño, y todos los que los escuchaban quedaron admirados de lo que decían los pastores.

Mientras tanto, María conservaba estas cosas y las meditaba en su corazón. Y los pastores volvieron, alabando y glorificando a Dios por todo lo que habían visto y oído, conforme al anuncio que habían recibido.
Palabra de Dios.
Te alabamos Señor

5.- REFLEXIÓN

En la Navidad hay que pensar una y otra vez. Así lo hicieron los pastores que fueron los primeros testigos del nacimiento de Jesús, a ser convocados por el ángel para comprobar el hecho acaecido. Fueron a Belén, encontraron a Jesús, con María y José, y a la vuelta, contaron lo que se les había dicho acerca del Niño.

Y cuantos los oían se maravillaban de los que les decían los pastores. Así podemos decir, el Evangelio comienza a ser noticia, a difundirse discreta y secretamente, y a contribuir a la formación de esa conciencia popular mesiánica que cogerá, luego, la predicación de Juan el Bautista, el Precursor, y después el mismo Jesús.

Pero otra circunstancia muy clara nos exhorta a pensar nuevamente en el hecho de la Navidad, evocado por la fiesta litúrgica para descubrir en Él el sentido, el significado trascendente que esconde y manifiesta.

La Navidad tiene un contenido propio, secreto que se descubre sólo a quien lo busca. Pensemos en la misma Virgen María, en el éxtasis de su alma limpísima, ya bien consciente del misterio de su divina maternidad y absorta totalmente en la meditación de cuanto sucedió en ella y a su alrededor. (Pablo VI)

6.- Oremos:

Guía: Para que seamos humildes como los pastores.

Todos: Te rogamos Señor.

Guía: Para que al igual que los pastores seamos testigos del nacimiento de Cristo.

Todos: Te rogamos Señor.

Guía: Para que, así como los pastores manifestaron el nacimiento de Cristo, nosotros llevemos la Buena Nueva a todos los confines del mundo.

Todos: Te rogamos Señor.

7.- Procesión rezando un misterio del santo Rosario o los cinco misterios.

8.- Canto para pedir posada.

9.- Cena Navideña.

10.- Romper la 'piñata'

11.- Por último, se dan a todos las famosas "bolsitas".

Fue un compartir la fe, la comida y la alegría por celebrar el nacimiento de Jesucristo.

DÍA 8

1.- Invocación inicial

2.- Canto Navideño

3.- Acto penitencial

4.- Lectura:

LA VISITA DE LOS MAGOS

Del Evangelio según San Mateo 2, 1-12

Cuando nació Jesús, en Belén de Judea, bajo el reinado de Herodes, unos magos de Oriente se presentaron en Jerusalén y preguntaron: "¿Dónde está el rey de los judíos que acaba de nacer? Porque vimos su estrella en Oriente y hemos venido a adorarlo".

Al enterarse, el rey Herodes quedó desconcertado y con él toda Jerusalén. Entonces reunió a todos los sumos sacerdotes y a los escribas del pueblo, para preguntarles en qué lugar debía nacer el Mesías.

"En Belén de Judea, le respondieron, porque así está escrito por el Profeta: Y tú, Belén, tierra de Judá, ciertamente no eres la meno entre las principales ciudades de Judá, porque de ti surgirá un jefe que será el Pastor de mi pueblo, Israel".

Herodes mandó llamar secretamente a los magos y después de averiguar con precisión la fecha en que había aparecido la estrella, los envió a Belén, diciéndoles: "Vayan e infórmense cuidadosamente acerca del niño, y cuando lo hayan encontrado, avísenme para que yo también vaya a rendirle homenaje".

Después de oír al rey, ellos partieron. La estrella que habían visto en Oriente los precedía, hasta que se detuvo en el lugar donde estaba el niño. Cuando vieron la estrella se llenaron de alegría, y al entrar en la casa, encontraron al niño con María, su madre, y postrándose, le rindieron homenaje.

Luego, abriendo sus cofres, le ofrecieron dones: oro, incienso y mirra. Y como recibieron en sueños la advertencia de no regresar al palacio de Herodes, volvieron a su tierra por otro camino.
Palabra de Dios.
Te alabamos Señor

5.- REFLEXIÓN

Es necesario que estos esforzados buscadores del Rey de los judíos salgan del palacio de Herodes y se dejen de las interminables discusiones; es necesario que abandonen la Ciudad Santa y confíen en la Estrella (es decir en el signo que Dios mismo ofrece para que puedan descubrir el nuevo lugar santo donde ha decidido encontrar al hombre que lo busca).

Y la estrella se paró en el lugar donde se encontraba el Niño. En este momento ya no hay separación porque se juntan el signo y la realidad. El signo ha sido espectacular.

La realidad, por el contrario, aparece modesta, ordinaria, casi me atrevería a decir, desilusionante. Una casa cualquiera. Una escena muy común y personas sin importancia. Habiendo entrado en la casa, vieron al Niño con María, su Madre. No hay más, aquí está todo.

Es mucho más fácil ver una estrella y quedarse extasiados por su aparición que "ver " un cuadro tan familiar. Esta señal grandiosa, en este caso, nos lleva a una realidad pequeña, insignificante. Y postrados lo adoraron.
La estrella no tiene ya ninguna función. Ahora entra en juego la fe. Solamente la fe permite el ver más allá de las apariencias e incita a adorar.

Solamente la fe consciente el ver la gloria, la grandeza infinita que puede contenerse en la pequeñez. (A. Pronzato)

6.- Oremos:

Guía: Para que nuestros corazones estén abiertos a recibir todos aquellos signos que nos manifiestan la voluntad de Dios.

Todos: Ven Señor no tardes.

Guía: Para que al igual que los Reyes Magos sigamos esos signos que nos llevan a Cristo.

Todos: Ven Señor no tardes.

Guía: Para que al final del camino de nuestras vidas, habiendo seguido los signos que Dios nos da, lleguemos a adorar a nuestro Señor Jesucristo en la vida eterna.

Todos: Ven Señor no tardes.

7.- Procesión rezando un misterio del santo Rosario o los cinco misterios. Si no hay Procesión, se hace afuera de la casa donde sea posible.

8.- Canto para pedir posada.

9.- Cena Navideña.

10.- Romper la 'piñata'

11.- Por último, se dan a todos las famosas "bolsitas".

DÍA 9

1.- Invocación inicial

2.- Canto Navideño

3.- Acto penitencial

4.- Lectura:

LA PALABRA SE HIZO CARNE.
Del Evangelio según San Juan 1, 1-12

Al principio existía la Palabra, y la Palabra estaba junto a Dios, y la Palabra era Dios. Al principio estaba junto a Dios. Todas las cosas fueron hechas por medio de la Palabra y sin ella no se hizo nada de todo lo que existe. En ella estaba la vida, y la vida era la luz de los hombres.

La luz brilla en las tinieblas, y las tinieblas no la recibieron. Apareció un hombre enviado por Dios, que se llamaba Juan. Vino como testigo, para dar testimonio de la luz, para que todos creyeran por medio de él. Él no era la luz, sino el testigo de la luz.

La Palabra era la luz verdadera que, al venir a este mundo, ilumina a todo hombre. Ella estaba en el mundo, y el mundo fue hecho por medio de ella, y el mundo no la conoció. Vino a los suyos, y los suyos no la recibieron. Pero a todos los que la recibieron, a los que creen en su Nombre, les dio el poder de llegar a ser hijos de Dios.
Palabra de Dios.
Te alabamos Señor

5.- REFLEXIÓN

Para nosotros la esperanza solo tiene un valor pedagógico; es un recuerdo de la preparación secular a la venida de Cristo. Cristo ya ha venido. La realidad del Mesías ya se ha cumplido para nosotros.

Esta es la espiritualidad de la Navidad, en la cual la historia, la teología, el Misterio de la Encarnación, nuestro destino humano y sobrenatural, se funden y se convierten en celebración, es decir en Liturgia: una liturgia que se alimenta de toda la tierra, de toda la historia y que se levanta, hasta los cielos, hasta la gloria Divina.

Sí, Cristo ya ha venido; pero una misteriosa y terrible desgracia no todos lo han conocido, no todos lo han acogido: así lo afirma el prólogo del evangelio de San Juan: "Él era la luz verdadera que ilumina a todo hombre que viene a este mundo..., y el mundo no lo conoció. Vino a los suyos y los suyos no lo recibieron".

Este es el cuadro de la humanidad que, después de veinte siglos de historia, tenemos ante nuestros ojos. ¿Cómo es posible? ¿Qué podemos hacer? (Paulo VI)

Sin duda, tenemos un llamado urgente a compartir la Buena Nueva y buscar atraer a más personas a los pies de Jesucristo y de su Iglesia.

6.- Oremos:

Guía: Para que en la pequeñez sepamos ver la grandeza del Señor.

Todos: Escúchanos, Padre.

Guía: Para que recibamos a Cristo en nuestros corazones en esta Navidad.

Todos: Escúchanos, Señor.

Guía: Para que la luz de Cristo ilumine siempre nuestras vidas y seamos testigos vivos de su presencia entre nosotros.

Todos: Escúchanos, Padre.

7.- Procesión rezando un misterio del santo Rosario o los cinco misterios.

8.- Canto para pedir posada.

9.- Cena Navideña.

10.- Romper la 'piñata'

11.- Por último, se dan a todos las famosas "bolsitas".

Fue un compartir la fe, la comida y la alegría por celebrar el nacimiento de Jesucristo.

Rosario y letanías

Durante la procesión se reza un misterio del Santo Rosario y después se dicen las letanías. En algunos lugares se hacen los 5 misterios. No es necesario decir todas las invocaciones a María, se dicen las posibles mientras dure la procesión. Claro, si se pueden hacer todas mucho mejor.

Si no hay procesión, se hace afuera de la casa.

Comienza con la Señal de la Cruz.
En el nombre del Padre, del Hijo y del Espíritu Santo.

Credo de los Apóstoles.

Creo en Dios, Padre todopoderoso, Creador del cielo y de la tierra, y en Jesucristo, su Hijo único, nuestro Señor, que fue concebido por el Espíritu Santo, nació de María Virgen, padeció bajo el poder de Poncio Pilato, fue crucificado, muerto y sepultado.

Descendió a los infiernos; al tercer día resucitó de entre los muertos; ascendió a los cielos, y está sentado a la derecha de Dios Padre todopoderoso; desde allí vendrá a juzgar a vivos y muertos.

Creo en el Espíritu Santo, la santa Iglesia católica, la comunión de los santos, el perdón de los pecados, la resurrección de la carne y la vida eterna. Amén.

Misterios a meditar según sea el día que toque:

Misterios Gozosos (lunes y sábado)
1. La Encarnación del Hijo de Dios.
2. La Visitación de la Virgen a su prima Santa
Isabel.
3. El Nacimiento de Jesús en Belén.
4. La presentación del Niño en el templo.
5. El Niño perdido y hallado en el templo.

Misterios Luminosos (jueves)
1. El Bautismo de Jesús en el Jordán.
2. Las Bodas de Caná.
3. Anuncio del Reino y necesidad de la conversión.
4. La Transfiguración del Señor.
5. La Institución de la Sagrada Eucaristía.

Misterios Dolorosos (martes y viernes)
1. La Oración de Jesús en el Huerto.
2. La Flagelación del Señor.
3. La Coronación de espinas.
4. Jesús con la Cruz a cuestas.
5. Jesús muere en la Cruz.

Misterios Gloriosos (miércoles y domingo)
1. La Resurrección del Señor.
2. La Ascensión del Señor.
3. La Venida del Espíritu Santo.
4. La Asunción de la Virgen al Cielo.
5. La Coronación de María.

Después nombrar el misterio se hace una breve pausa de reflexión, un Padrenuestro, diez Avemarías y un Gloria.

*Al terminar los cinco misterios se rezan las letanias.

Letanías
Señor, ten piedad. Señor ten piedad.
Cristo, ten piedad.
Cristo, ten piedad. Señor, ten piedad.
Señor, ten piedad.
Cristo, óyenos.
Cristo, óyenos.
Cristo, escúchanos.
Cristo, escúchanos.
Dios, Padre celestial,
Ten piedad de nosotros. Dios, Hijo, Redentor del mundo, Ten piedad de nosotros.
Dios, Espíritu Santo,
Ten piedad de nosotros. Santísima Trinidad, un solo Dios, Ten piedad de nosotros.
Santa María,
Ruega por nosotros (al término de cada invocación)
Santa Madre de Dios,
Santa Virgen de las Vírgenes,
Madre de Cristo,
Madre de la Iglesia,

Madre de la misericordia,
Madre de la divina gracia,

Madre de la esperanza,
Madre purísima,
Madre castísima,
Madre siempre virgen,
Madre inmaculada,
Madre amable,
Madre admirable,
Madre del buen consejo,
Madre del Creador,
Madre del Salvador,
Virgen prudentísima,
Virgen digna de veneración,
Virgen digna de alabanza,
Virgen poderosa,
Virgen clemente,
Virgen fiel,
Espejo de justicia,
Trono de la sabiduría,
Causa de nuestra alegría,
Vaso espiritual,
Vaso digno de honor,
Vaso de insigne devoción,

Rosa mística,
Torre de David,
Torre de marfil,
Casa de oro,
Arca de la Alianza,
Puerta del cielo,
Estrella de la mañana,
Salud de los enfermos,
Refugio de los pecadores,
Consuelo de los migrantes,
Consoladora de los afligidos, Auxilio de los cristianos,
Reina de los Ángeles,
Reina de los Patriarcas,
Reina de los Profetas,
Reina de los Apóstoles,
Reina de los Mártires,
Reina de los Confesores,
Reina de las Vírgenes,
Reina de todos los Santos,
Reina concebida sin pecado original,
Reina asunta a los Cielos,
Reina del Santísimo Rosario, Reina de la familia, Reina de la paz.

Cordero de Dios, que quitas el pecado del mundo, Perdónanos, Señor.
Cordero de Dios, que quitas el pecado del mundo, Escúchanos, Señor.
Cordero de Dios, que quitas el pecado del mundo,
Ten misericordia de nosotros.

ORACIÓN FINAL DEL ROSARIO

Bajo tu amparo nos acogemos Santa Madre de Dios. No deseches las súplicas que te dirigimos en nuestras necesidades, antes bien líbranos de todos los peligros, oh, Virgen gloriosa y bendita. Ruega por nosotros Santa Madre de Dios. Para que merezcamos alcanzar las gracias prometidas por nuestro Señor Jesucristo.
Amén.

Salve

Dios te Salve, Reina y Madre de misericordia, vida, dulzura y esperanza nuestra. A Ti clamamos los desterrados hijos de Eva, a Ti suspiramos, gimiendo y llorando en este valle de lágrimas. Ea, pues, Señora Abogada Nuestra, vuelve a nosotros tus ojos misericordiosos, y después de este destierro, muéstranos a Jesús, fruto bendito de tu vientre. Oh, clemente, oh piadosa, oh dulce Virgen María.

Ruega por nosotros, Santa Madre de Dios para que seamos dignos de alcanzar las promesas de Nuestro Señor Jesucristo.

Oremos:

OH Dios, cuyo unigénito Hijo, con su vida, muerte y resurrección, nos alcanzó el premio de la vida eterna:

concédenos, a los que recordamos estos misterios del Santo Rosario, imitar lo que contienen y alcanzar lo que prometen. Por el mismo Jesucristo, Nuestro Señor. Amén.

Termina con la Señal de la Cruz.

En el nombre del Padre, del Hijo y del Espíritu Santo.

Cantos - Villancicos

CANTO: VEN SEÑOR NO TARDES

Ven, ven Señor, no tardes.
Ven, ven que te esperamos.
Ven, ven Señor, no tardes. Ven pronto Señor.
El mundo muere de frío, el alma perdió el calor, los hombres no son hermanos, el mundo no tiene amor.
Ven, ven Señor, no tardes... Envuelto en sombría noche, el mundo sin paz no ve, buscando va una esperanza, buscando, Señor, tu fe.
Ven, ven Señor, no tardes...
Al mundo le falta vida, al mundo le falta luz, al mundo le falta cielo,

PETICIÓN DE POSADA:

Afuera

1. En el nombre del cielo,
os pido posada,
pues no puede andar
mi esposa amada.

2. Venimos rendidos
desde Nazaret;
yo soy carpintero
de nombre José.

3. Posada te pide,
amado casero,
por solo una noche,
la Reina del Cielo.

4. Mi esposa es María,
es Reina del Cielo
y Madre va a ser
del Divino Verbo.

5. Dios pague Señores,

su gran caridad
y los colme el cielo
de felicidad.

Adentro

1. Aquí no es mesón
sigan adelante
yo no puedo abrir
no sea algún tunante.

2. No me importa el nombre
déjenme dormir
pues ya les he dicho
que no voy a abrir.

3. Pues si es una reina
quien lo solicita
¿cómo es que de noche
anda tan solita?

4. ¿Eres tú, José?
¿Tu esposa es María?
Entren peregrinos,
no los conocía.

5. Dichosa la casa
que alberga este día
a la Virgen Pura
la hermosa María.

Todos

(mientras se abren las puertas)
Entren Santos Peregrinos,
reciban este rincón,
aunque es pobre la morada, la morada,
os la doy de corazón.

Terminada la petición de Posada, una vez que han sido recibidos los peregrinos, puede continuar la convivencia familiar.

Cantos para las posadas

Blanca navidad
Navidad, navidad, blanca navidad, la alegría en este día resplandece mas
Suenan las campanas, repican con amor, van tocando gloria, se oyen hasta al sol. Con su resonar, de alegría y paz, la tierra se alegra porque es navidad.
Un niño del cielo trae la salvación, nace un hombre nuevo desde el corazón, alegres cantad, de felicidad, que hoy para los pobres llega navidad.
La nieve al caer un manto tendió, sobre al ancho mar, ha nacido el sol. Nunca nevará sobre nuestra fe, que una estrella brilla hoy sobre Belén.

El niño del tambor
El camino que lleva a belén baja hasta el valle que la nieve cubrió. Los pastorcillos quieren ver a su rey, le

traen regalos en su humilde zurrón ropopompom, ropopompom. Ha nacido en un portal de belén el niño Dios.

Yo quisiera poner a tus pies algún presente que te agrade señor, mas tú ya sabes que soy pobre también, y no poseo más que un viejo tambor, ropopompom, ropopompom. ien tu honor frente al portal tocaré con mi tambor!
El camino que lleva a belén yo voy marcando con mi viejo tambor, nada hay mejor que te pueda ofrecer, su ronco acento es un canto de amor, ropopompom, ropopompom. Cuando Dios me vio tocando ante él me sonrió.

Pero mira con beben
Pero mira como beben los peces en el río, pero mira como beben por ver a dios nacido. Beben y beben y vuelven a beber los peces en el río por ver a Dios nacer.

En el portal de belén hay estrella, sol y luna, la virgen y san José y el niño que está en la cuna.
La virgen lava pañales y los tiende en el romero; los angelitos cantando y el romero floreciendo.

La virgen está lavando con un trozo de jabón; se le han picado las manos, manos de mi corazón.
Todos los niños del mundo, cantan con mucha alegría, le dan besitos al niño, y saludos a María.

Campana sobre campana.
Campana sobre campana y sobre campana una, asómate a la ventana, verás al niño en la cuna.
¡belén, campanas de belén!, que los ángeles tocan, ¿qué nuevas me traéis? Recogido tu rebaño, ¿a dónde vas, pastorcito? -voy a llevar al portal requesón, manteca y vino

Campana sobre campana y sobre campana dos. Asómate a la ventana porque está naciendo Dios.

¡caminando a medianoche! ¿dónde caminas, pastor? Le llevo al niño que nace como a dios, mi corazón.
Campana sobre campana y sobre campana tres, en una cruz a eta hora, el niño va a padecer.

Noche de paz
Noche de paz, noche de amor, todo duerme en derredor. Entre Los astros que expanden su luz, brilla anunciando al niñito Jesús, brilla la estrella de paz. Brilla la estrella de paz.

Noche de paz, noche de amor, todo duerme en derredor. Coros celestes que anuncian salud, gracias y glorias en gran plenitud, por nuestro buen redentor, por nuestro buen redentor.

Noche de paz, noche de amor, todo duerme en derredor, solo velan mirando la faz, de su niño en angélica paz, José y María en belén, José y María en belén.

Noche de paz, noche de amor, ved que bello resplandor luce en el rostro del niño Jesús, en el pesebre del mundo la luz, astro de eterno fulgor, astro de eterno fulgor.

Noche de dios, noche de paz, claro sol brilla ya, y los ángeles cantando están, gloria a dios, gloria al rey eternal, duerme el niño Jesús, duerme el niño Jesús.

Los pastores a Belén
Los pastores a Belén corren presurosos; llevan de tanto correr, los zapatos rotos.
¡Ay! ¡Ay! ¡Ay! ¡Que alegres van!, sabe dios si volverán. Con la pan,

Pan, pan. Con la den, den, den. Con la pan… con la den… con la pandereta… y con las maracas.
Un pastor se tropezó a media vereda…y un borreguito gritó… este aquí se queda.
Los pastores a Belén… casi van que vuelan…y es que de tanto correr… no les quedan suelas.

Hacia Belén va una burra

Hacia Belén va una burra, rin rin yo me remendaba, yo me remendé. Yo me eché un remiendo y me lo quité
Cargada de chocolate, lleva su chocolatera, rin rin yo me remendaba, yo me remendé. Yo me eché un remiendo y me lo quité, su molinillo y anafre
Maria, Maria, ven acá corriendo, que el chocolatillo se lo están comiendo (bis)
En el portal de Belén, rin rin yo me remendaba, yo me remendé. Yo me eché un remiendo y me lo quité

Gitanillos han enfrentado y al niño que está en la cuna, rin rin.
Yo me remendaba, yo me remendé. Yo me eché un remiendo y me lo quité, los pañales han robado
Maria, Maria, ven acá volando, que los pañalitos se los están robando (bis)

Vamos pastores
Vamos pastores, vamos, vamos a Belén, a ver en ese niño la gloria del edén, a ver en ese niño la gloria del edén, la gloria del edén, la gloria del edén.
Ese precioso niño yo me muero por el, sus ojitos me encantan,
Su boquita también. Su madre lo acaricia su padre mira en el, y los dos extasiados contemplan aquel ser (bis)

Es tan lindo el chiquito que nunca podría ser, que su belleza copien el lapiz y el pincel; pues el eterno padre

con inmenso poder, hizo que el niño fuera inmenso como él
Yo pobre pastorcillo, al niño le diré, no la buenaventura: eso no
Puede ser. Yo le diré me perdone lo mucho que pequé y en la mansión eterna un ladito me dé

Esta noche nace el niño
Esta noche nace el niño entre la escarcha y el hielo, quien pudiera niño mío vestirte de terciopelo
Pastores venid, pastores llegad, a adorar al niño que ha nacido ya (bis)
Una estrella se ha perdido y en el cielo no aparece, en el portal se ha metido y en tu rostro resplandece

Canción para romper la Piñata
Dale, dale, dale
No pierdas el tino
Porque si lo pierdes,
Pierdes el camino

Ya le diste uno
Ya le diste dos
Ya le diste tres
Y tu tiempo se acabo

Aviso final:
No olvides nunca que no hay arma más poderosa que recibir a Jesucristo en la santa comunión; el poder del sacramento de la confesión; la bendita Palabra de Dios; el santo Rosario y el ser testigos vivos de su palabra viviéndola en toda nuestra vida y compartiéndola. Todo, unido a su Bendita esposa que es su Iglesia: La católica. ¡**Feliz Navidad**!

Tu hermano en Cristo
Martín Zavala

LIBROS RECOMENDADOS

Para conocer, vivir, celebrar, predicar y defender la fe te recomiendo el siguiente material que es excelente para lograrlo:

- Respuestas Católicas Inmediatas

- Como ser un cristiano con Coraje

- Mi Juicio ante Dios
  Testimonio de la Dra. Gloria Polo

- LGBT Preguntas y Respuestas

- Una Nueva Apologética
  Incluye la tarjeta con citas bíblicas para saber defender la fe

- Testimonios: "Pastores y líderes cristianos se convierten a la fe católica"

- ¡Soy católico y que!

libros para crecer   www.defiendetufe.com

- Cómo leer la Biblia con Provecho
- Lo que usted debe saber sobre el fin del mundo
- Cansado de llorar, cansado de pecar, Cansado de vivir
- Como responder a los Testigos de Jehová"
- Un Dios Misterioso *Nueva edición*
- Ten Cuidado: El Demonio existe
- Click: Descubre el Poder de la santa Misa"
- Liberados del Alcoholismo con el Poder de Dios
- Dios: Existe o no existe. El Gran Debate

libros para crecer www.defiendetufe.com

- Cómo Ganar el Cielo desde el Hogar

- Cómo rezar el Rosario 7 Formas

- 31 Visitas al santísimo con LETRA GRANDE

- Oraciones de liberación y Protección contra todo Mal

***También tenemos excelentes libros de Priscilla de la Cruz. Ex bruja, tarotista, esotérica, ouija, adivina y ahora misionera católica. **Testimonio y Devocionales.**

"Escuela de Apologética online DASM"
Fórmate en serio en cómo defender tu fe.

Certificado avalado por 6 obispos de 5 países.(Estados Unidos; México; Puerto Rico; Perú y Ecuador`) Mons. Eduardo Nevares, obispo auxiliar en Phoenix, Arizona y director espiritual de DASM. Lecciones con Tareas y exámenes en Apologética integral.

!Inscríbete e inicia ya mismo! Única en todo el mundo.

La formación es 100% por Internet y estudias cualquier día y a cualquier hora. A tu propio ritmo. **10 Niveles.**

Únete al ejército espiritual de personas capacitadas para frenar el crecimiento de las sectas, new age, ideología de género…

Inscríbete en www.defiendetufe.com

"Nuevos Crecimientos 1 al 6: Mis Primeros Pasos"

Puedes conseguir este material y otros nuevos productos de Misión 2000 en tu librería católica más cercana o en:

Tel (480) 598-4320
P.O. BOX 51986
PHOENIX, AZ 85076

www.defiendetufe.com

Made in the USA
Coppell, TX
12 November 2024